BEI GRIN MACHT SICH I
WISSEN BEZAHLT

- Wir veröffentlichen Ihre Hausarbeit,
  Bachelor- und Masterarbeit

- Ihr eigenes eBook und Buch -
  weltweit in allen wichtigen Shops

- Verdienen Sie an jedem Verkauf

Jetzt bei www.GRIN.com hochladen
und kostenlos publizieren

Bibliografische Information der Deutschen Nationalbibliothek:

Die Deutsche Bibliothek verzeichnet diese Publikation in der Deutschen National-
bibliografie; detaillierte bibliografische Daten sind im Internet über http://dnb.d-
nb.de/ abrufbar.

Dieses Werk sowie alle darin enthaltenen einzelnen Beiträge und Abbildungen
sind urheberrechtlich geschützt. Jede Verwertung, die nicht ausdrücklich vom
Urheberrechtsschutz zugelassen ist, bedarf der vorherigen Zustimmung des Verla-
ges. Das gilt insbesondere für Vervielfältigungen, Bearbeitungen, Übersetzungen,
Mikroverfilmungen, Auswertungen durch Datenbanken und für die Einspeicherung
und Verarbeitung in elektronische Systeme. Alle Rechte, auch die des auszugsweisen
Nachdrucks, der fotomechanischen Wiedergabe (einschließlich Mikrokopie) sowie
der Auswertung durch Datenbanken oder ähnliche Einrichtungen, vorbehalten.

Impressum:

Copyright © 2016 GRIN Verlag, Open Publishing GmbH
Druck und Bindung: Books on Demand GmbH, Norderstedt Germany
ISBN: 9783668414990

Dieses Buch bei GRIN:

http://www.grin.com/de/e-book/355197/die-judenverfolgungen-im-mittelalter-1348-
1350-die-pogrome-von-erfurt

Sascha Weidenbach

Die Judenverfolgungen im Mittelalter (1348-1350). Die Pogrome von Erfurt und Straßburg (1349)

GRIN Verlag

GRIN - Your knowledge has value

Der GRIN Verlag publiziert seit 1998 wissenschaftliche Arbeiten von Studenten, Hochschullehrern und anderen Akademikern als eBook und gedrucktes Buch. Die Verlagswebsite www.grin.com ist die ideale Plattform zur Veröffentlichung von Hausarbeiten, Abschlussarbeiten, wissenschaftlichen Aufsätzen, Dissertationen und Fachbüchern.

Besuchen Sie uns im Internet:

http://www.grin.com/

http://www.facebook.com/grincom

http://www.twitter.com/grin_com

Friedrich-Schiller-Universität Jena

Philosophische Fakultät

Historisches Institut

Thüringische Landesgeschichte

Seminar: „Kaiser Karl IV., Böhmen und der mitteldeutsche Raum"

Die Judenverfolgungen im Mittelalter (1348-1350)

Die Pogrome von Erfurt und Straßburg (1349) als Beispiele

von:

Sascha Weidenbach

Lehramt JM/ Gymnasium

Geschichte und Sozialkunde

Abgabedatum: 23.09.2016

Inhaltsverzeichnis

1. Einleitung

„Die Judenverfolgungen um die Mitte des 14. Jahrhunderts stellen sicherlich den tiefgreifendsten Einschnitt in die Geschichte des deutschen Judentums von den Anfängen der Ansiedlung bis zur nationalsozialistischen ‚Endlösung' dar."[1] Anhand dieses Zitates von Alfred Haverkamp, einem der bedeutungsvollsten Forscher auf diesem Gebiet, lässt sich das Ausmaß der Judenverfolgungen zu jener Zeit in Mitteleuropa erahnen. Nicht nur im Reich, sondern auch in einer Vielzahl anderer europäischer Länder wurden die Anhänger des Judentums von ihren christlichen Mitbürgern systematisch verfolgt, vertrieben und getötet. Aufgrund dieses Aspektes und angesichts weiterer Faktoren wie Pestseuchen und den Geißlerzügen wird dem Spätmittelalter insgesamt ein krisenhafter Charakter zugeschrieben. Im Rahmen dieser Arbeit zum Seminar:„Kaiser Karl IV., Böhmen und der mitteldeutsche Raum" soll untersucht werden, ob und in wie weit die Judenverfolgungen als Lösungs- bzw. Rechtfertigungsversuche von christlichen Bürgern und Herrschern für politische und gesellschaftliche Probleme dienten. Als Beispiele werden hierbei die Judenpogrome von Erfurt und Straßburg (1349) herangezogen. In Erfurt fielen alleine 976 Juden zum Opfer.[2] Im ersten Teil dieser Arbeit wird zunächst auf die historische Mentalität der Menschen im Mittelalter eingegangen. Dies dient zur Hinführung dieser Thematik, da die Pogromwellen vor allem auch ein gesellschaftspolitisches Ereignis waren. Danach sollen mögliche Ursachen für diese Verfolgung aufgezeigt und hinsichtlich des Zusammenhanges mit der Pest und anderen Katastrophen des 14. Jahrhunderts untersucht werden. Danach stehen die Motive im Mittelpunkt, die die Christen zu solchen Gräueltaten bewegten. Die Ursachen und Motive sollen allgemein und speziell zum Pogrom in Erfurt aufgezeigt werden. Da dieses Beispiel wegen der regionalen Nähe interessant ist. Nachdem der Verlauf des Erfurter Judenpogroms beleuchtet wurde, sollen sich die Ergebnisse und Folgen jenes Ereignisses anschließen. Dieselbe Vorgehensweise erfolgt dann bei dem Straßburger Pogrom von 1349. Im letzten Teil soll die Rolle von Karl IV. näher geschildert werden. Seine Handlungsweisen in jener krisenhafter Zeit stehen dabei im Fokus. Um die Korrektheit der regionalen Geschehnisse gewährleisten zu können, bezieht sich dieser Aufsatz auf jene Werke und Publikationen, die

---

1 Haverkamp, Alfred: Die Judenverfolgungen zur Zeit des Schwarzen Todes im Gesellschaftsgefüge deutscher Städte, In: Haverkamp, Alfred (Hrsg.): Zur Geschichte der Juden im Deutschland des späten Mittelalters und der frühen Neuzeit, Stuttgart 1981, S. 27.
2 Vgl. Avneri, Zvi: Erfurt, In: Avneri, Zvi (Hrsg.): Germania Judaica, Band 2, 1. Halbband, Tübingen 1968, S. 218.

sich explizit mit den Erfurter Juden und ihrer Geschichte befassen. So dient „Die Erfurter Chronik des Johannes Wellendorf (um 1590)" von Friedhelm Tromm aus dem Jahre 2013 als wichtige und informationsreiche Quelle. Ergänzt wird diese durch die „Cronicae S. Petri Erfordensis Continuatio III" aus Oswaldus Holder-Eggers Werk „Monumenta Erphesfurtensia saec. XII.XIII.XIV" von 1899. Der Zusammenhang zwischen Judenverfolgungen und der Pest, die in der gleichen Epoche stattfanden, wird in Alfred Haverkamps Aufsatz „Die Judenverfolgungen zur Zeit des schwarzen Todes" genauer untersucht. Einen chronologischen Abriss über die Verfolgungen im 14. Jahrhundert liefert Christoph Cluse mit seinem Beitrag „Zur Chronologie der Verfolgungen zur Zeit des Schwarzen Todes".[3] Des Weiteren sollte hier sicherlich noch der zweite Band der Germania Judaica genannt werden, in welchem die Geschichte der Erfurter und Straßburger Juden noch einmal recht umfassend dargelegt ist, sowie Reinhold Rufs Aufsatz „Juden im spätmittelalterlichen Erfurt. Bürger und Kammerknechte".[4] Zur Thematik der Mentailitätsgeschichte dient insbesondere Peter Dinzelbacher. Beim abschließenden Schwerpunkt, also die Rolle von Karl IV., dienen Ferdinand Seibt und Ruth Bork als wichtige Hilfsmittel der Untersuchung. Als Letztes muss noch erwähnt werden, dass sich der Betrachtungszeitraum dieses Aufsatzes fast ausschließlich auf die Geschehnisse im Jahr 1349 erstreckt. Lediglich einzelne Vorereignisse, die der Autor thematisch für wichtig erachtet, sowie ein kurzer Ausblick auf die folgenden Jahre werden zum besseren Verständnis berücksichtigt.

2. Mentalitätsgeschichte im Mittelalter

Bevor in dieser Arbeit die Verfolgung der Juden besprochen wird, soll zunächst einmal auf die Thematik der Mentalitätsgeschichte im Mittelalter näher eingegangen werden. Dies dient zur Hinführung des Themas und soll näher beleuchten, welche Mentalität die Menschen der mittelalterlichen Epoche hatten.

Mit dem Begriff „Mentalitätsgeschichte" meint der Historiker, die Mentalitäten, also die Gedanken, Einstellungen und Gefühle der Menschen einer bestimmten Epoche zu erklären und darzustellen. Begrifflich ist es das Pendant zur „histoire des mentalités". Im historischen

---

3 Vgl. Cluse, Christoph: Zur Chronologie der Verfolgungen zur Zeit des Schwarzen Todes, In: Haverkamp, Alfred (Hrsg.): Geschichte der Juden im Spätmittelalter von der Nordsee bis zu den Südalpen, Hannover 2002, S. 223-242.
4 Vgl. Avneri: Erfurt, S. 485-518.

Milieu verdankt die Geschichtswissenschaft vor allem den französischen Historikern dieses Konzept. Diese Disziplin entstand im Zusammenhang mit der Annales – Schule. Auch wenn Johan Huizinga in seinem nach wie vor grundlegenden Werk „Herbst des Mittelalters" (1919) als Pionier dieser historischen Disziplin gilt.[5] Die Etablierung dieser Disziplin resultiert aus dem Interesse für die früheren Denk- und Empfindungswelten, ein neues Interesse, dies offenbar als Reaktion für den immer rascheren Vertrauensschwund in unserer Lebenswelt zu erklären ist. Durch die immer schneller werdende Modernisierung unser Gesellschaft verblassen alte Traditionen und die Lebenswelt älterer Epochen. Mit dieser historischen Disziplin lassen sich aber vergangene gesellschaftliche Prozesse rekonstruieren und ein Bezug von Vergangenheit und Gegenwart herstellen. Dinzelbacher versucht unter Berücksichtigung von Le Goff eine bündige Definition der Disziplin zu schaffen:

„Historische Mentalität ist das Ensemble der Weisen und Inhalte des Denkens und Empfindens, das für ein bestimmtes Kollektiv in einer bestimmten Zeit prägend ist. Mentalität manifestiert sich in Handlungen."[6]

Mit Hilfe dieser Definition sieht man eindeutig, dass die historische Mentalität nicht auf wenige Bereiche des Lebens zu erfassen ist. Diese Disziplin versteht sich also als zentraler Punkt einer „histoire totale", einer aller Lebensbereiche des Menschen „in ihren Vernetzungen erfassenden Geschichte."[7] Die Mentalitätsgeschichte umfasst demnach viele Bereiche wie z.b. Leben und Tod, Einstellungen der Menschen zu historischen Ereignissen, Religiosität aber auch Sexualität und Liebe. Im Folgenden sollen nun einige Bereiche zur mittelalterlichen Epoche vorgestellt werden. Da eine umfassende Schilderung den Rahmen dieser Arbeit sprengen würde, wird sich die Arbeit auf die Themen: Krankheitsvorstellungen, Sterben und Tod und Religiosität beschränken. Die Auswahl ist damit zu begründen, dass diese im direkten Zusammenhang mit dem Thema stehen. „Krankheitsvorstellungen" deshalb, weil die Pest auch als Auslöser für die Judenpogrome gesehen werden muss. Aber auch „Religiosität" und „Sterben und Tod" stehen im direkten Zusammenhang.

---

5 Vgl. Dinzelbacher, Peter: Zu Theorie und Praxis der Mentalitätsgeschichte, In: Dinzelbacher, Peter (Hrsg.): Europäische Mentalitätsgeschichte. Hauptthemen und Einzeldarstellungen, Stuttgart 2008, Hinführung des Herausgebers, S. 17.
6 Ebd., S. 24, Dinzelbacher stützt sich dabei auf die Definition von Jacques Le Goff.
7 Ebd., S. 33.

2.1 Krankheitsvorstellungen im Mittelalter

Die Krankheitsvorstellungen im Mittelalter stehen im starken Zusammenhang mit der christlichen Lebensführung und die damit verbundene Einordnung der Leiden im Rahmen ihres christlichen Weltbildes. Krankheiten wurden nicht nur als Vergeltung für sündiges Leben interpretiert. Auch verschiedene Geltungszusammenhänge sind hierbei zu erwähnen. Beispielsweise galt die Ansicht, dass Krankheiten direkt von Gott geschickt wurden und den Beginn einer ewigen Strafe charakterisierten. Dagegen stand gewissermaßen das ewige „Gesundbleiben" als Verdienst für ein christlich geführtes Leben und man erhielt dadurch den Lohn der Gerechten.[8] Im Früh- und Hochmittelalter waren religiöse Kultformen und magische Handlungen zentrale Punkte im Bereich von Krankheitsvorstellungen. Beispielsweise bei der Krankheit Epilepsie war man der Meinung, dass sich ein Dämon im Körper der Kranken befand. Dabei versuchte man durch Exorzismus, also die Austreibung des Bösen, jene „Fallsüchtigen" oder „Wahnsinnigen" von der Krankheit zu heilen. Aber auch andere Rituale, wie Quellwasser oder auch das Blut einer Jungfrau, sollten vor Krankheiten schützen und versprachen ein neues gesundes Leben. Die Behandlung von Kranken wurde als Nächstenliebe betrachtet und in der damaligen Gesellschaft sehr positiv bewertet. In jener Zeit schufen Klöster auch erste Krankenräume und Herbergen für Fremde.[9]

Im Spätmittelalter und in der Renaissance entstand ein neuer Rahmen für die Auseinandersetzung mit Krankheiten. Dazu trugen besonders die Begründung einer universitären Medizin, die Professionalisierung des Ärztestandes und die Trennung von Wundarznei (Chirurgie) und innere Medizin als Wissenschaft bei. Ursachen, Verlauf und Erscheinungswesen von Krankheiten konnten nun in immer stärkeren Maße unterschieden werden. Trotzdem ist der religiöse Zusammenhang von Krankheit und Gesundheit nicht verloren gegangen. Nur Gott entschied letztlich über Gesundheit und Krankheit.

Mit der Renaissance setzte eine Verweltlichung zum eigenen Körper ein. Der Wunsch nach einen langen Leben spielte eine immer wichtigere Rolle. Der Körper wurde zum Instrument der Lebenstätigkeit. Die Anatomie des menschlichen Körpers (Andreas Versalius in seinen anatomischen Studien 1543) war das Kennzeichen des neuen Menschenbildes. Krankheiten sind erstmals als Gefahr für die soziale Stabilität ganzer Regionen wahrgenommen worden. Das einschneidendste Krankheitserlebnis dieser Epoche war die Pest. Sie war das Synonym

---

8 Vgl. Vanja, Christina: Krankheit. Mittelalter, In Dinzelbacher, Peter (Hrsg.): Europäische Mentalitätsgeschichte. Hauptthemen und Einzeldarstellungen, Stuttgart 2008, S. 222f.
9 Vgl. Ebd., S. 223ff.

für Krankheit und Tod.[10] Aber auch das Auftreten der Syphilis in Europa warf vor allem eine neue Sicht zum Verhältnis außerehelicher Sexualität und Krankheit. Syphilis war folglich eine Charakterisierung für sündiges Verhalten, welches selbstverschuldet und von Gott bestraft worden ist.[11]

Dies soll zunächst zum Bereich der Krankheiten genügen. Auffallend hierbei ist, wie in anderen Bereichen das Lebens, dass Gott im Alltag der Menschen des Mittelalters eine tragende Rolle spielte.

2.2 Das Verhältnis zum Sterben und Tod

Im nächsten Punkt soll nun der Bereich des Verhältnisses der Menschen im Mittelalter zum Sterben und Tod skizziert werden. Das Hauptmerkmal für die Einstellung der Menschen im Mittelalter zum Tod war, dass dieser nicht als Ende des Lebens charakterisiert worden ist, sondern als elementarer Schritt innerhalb dieses. Dabei ist entscheidend zu beleuchten, dass der Tod den Übergang vom „Erdenleben" zur „jenseitigen Existenz" darstellte. So gut wie alle Menschen im Mittelalter glaubten an das Leben nach dem Tod. Im Frühmittelalter beschäftigten sich eher wenige weltliche Texte mit dem Tod. Die Regelsituation war, dass man im Beistand der Familie verstarb.[12] Weniger die Sterbestunde war in dieser Zeit interessant, dagegen spielte eher die Jenseitserwartung eine wichtigere Rolle. Allein schon über den Weg in die andere Welt kursierten zahlreiche Legenden. Neben dem Transport durch Engel und Dämonen wurden alle möglichen Übergangsweisen geschildert. Von der „tagelangen Wanderung, der *migratio animae*, durch eine Dornenheide über das antike Totenboot bis zur Seelenbrücke."[13] In der Zeit des Frühmittelalters wurde aber auch schon für die Toten gebetet, dennoch fürchtete man sie auch. Besonders diejenigen, welche ein sündhaftes und böses Leben geführt haben und eines vorzeitigen und unnatürlichen Todes (Bsp.: Selbstmord) gestorben sind. Dabei gab es verschiedene Glaubensweisen. Vom Spuken im Grab, auf dem Friedhof bis hin zum Einnehmen verschiedener mythischer Gestalten, wie Elfen, Zwerge und Kobolde.[14]

Erst gegen Ende des Hochmittelalters schien sich das Verhältnis zum Tod geändert zu haben.

---

10 Dieser Punkt wird im späteren Verlauf der Arbeit näher beleuchtet.
11 Vgl. Vanja, Krankheit, S. 225ff.
12 Vgl. Dinzelbacher, Peter: Sterben/ Tod. Mittelalter, In: Dinzelbacher, Peter (Hrsg.): Europäische Mentalitätsgeschichte. Hauptthemen und Einzeldarstellungen, Stuttgart 2008, S. 279ff.
13 Ebd., S. 282.
14 Vgl. Ebd., S. 283.

Das Sterben und die Bräuche bleiben blieben zwar gleich, aber es setzte ein Nachdenken über den Tod ein. Es herrschte der Glaube vor: „Wer sich bewußter auf das Leben konzentriert, dem wird auch das Sterben bewusster [...]".[15] Im 12. Jahrhundert entstand dann eine literarische Umsetzung der Jenseitsvision, welche immer noch von zentraler Bedeutung war, Demnach erfolgt zunächst der Überfall der Dämonen auf die Seele, danach eilt der himmlische Führer zur Hilfe, gefolgt von einer Wanderung durch die Pein und Gnadenstätte, danach kommt es zu einer Begegnung mit den Sterbenden aus dem früheren Leben und schließlich erfolgt das göttliche Urteil und die Rückkehr seiner Seele in den Leib. Weiterhin erwähnenswert ist, dass im Hochmittelalter der Begriff des „Fegefeuers" als Ort zwischen Himmel und Hölle von Theologen im späten 12. Jahrhundert erstmals begrifflich gefasst wurde.[16]

Im Spätmittelalter kam es zu einer intensiveren Beschäftigung mit der Sterbestunde. Diese wurde nun als großer Schmerz empfunden. Ein guter Teil konzentrierte sich auf diesen Augenblick des Lebens. In dieser Zeit sprachen viele Menschen auch von einem „guten Tod". Damit ist eine von Reue erfüllte Sterbestunde gemeint, in der das Urteil über Heil und Unheil im Jenseits entschieden wird. In den weltlichen Texten wurde der Tod als eigene Macht dargestellt. Dieses Bild verstärkte insbesondere die Pest. Es herrschte die Interpretation vor, dass die Pest eine von Gott exekutierende Macht abgespalten wurde, welche alle negativen Eigenschaften zu tragen hatte.[17]

Dies soll damit zur Erläuterung des Verhältnisses der Menschen zum Sterben und zum Tod genügen. Wie auch im vorherigen Punkt ist der starke Bezug zu Religion und Gott ersichtlich.

2.3 Religiosität

Der letzte Bereich der nun vorgestellt werden soll ist das Thema der Religiosität. Das Mittelalter wird auch als Zeitalter des Glaubens bezeichnet. In keiner Phase der europäischen Geschichte haben religiöse Vorstellungen in allen Lebensbereichen so eine große Rolle gespielt als im Mittelalter. Nahm man ein Geldstück dieser Epoche in die Hand sah man ein religiöses Symbol oder einen Heiligen. Die Religion war allgegenwärtig. Unter den Charakteristika, welche die religiöse Mentalität des Mittelalters auszeichnete, muss vor allem eine Form der Entwicklung von Aggressivität nach innen und nach außen erwähnt werden.

---

15 Ebd., S. 285.
16 Vgl. Ebd., S. 285-288.
17 Vgl. Ebd., S. 288-291.

Das Christentum wurde in allen Epochen des Mittelalters von vielen als kämpferische Religion und als intolerant verstanden.[18] Dies bezeugen unter anderem Pilgerfahrten gegen den Islam (Kreuzzüge). Aber auch nach innen richtete sich die Angriffslust. Der einzig anderen in der Christenheit geduldete Religion, das Judentum, wurde keine Toleranz entgegengebracht. Im Gegenteil, es kam zum Ausschluss von Berufen, das Tragen besonderer Kleidung. Seit dem 11. Jahrhundert wurden Juden immer wieder verfolgt, vertrieben und getötet. Aber auch die Verfolgung von Ketzern seitens der Kirche bezeugt diese Aggressivität. So ist die Verfolgung von Menschen aufgrund ihrer Glaubensvorstellungen die Kehrseite des Glaubens dieser Epoche.[19] Andere Themen zur historischen Mentalität unter Bezugnahme der Religiosität wären die Spaltung der Kirche aber auch das magische Praktiken gang und gebe waren. Diese sollen jedoch nicht weiter beleuchtet werden, da die Aggressivität der Kirche im starken Zusammenhang mit dem Schwerpunkt dieser Arbeit steht.

3. Ursachen der Verfolgungen von 1348-1350

Nun sollen die Ursachen für die Pogromwellen in den Jahren 1348-1350 dargelegt werden. Es wird untersucht, warum die christlichen Bürger Erfurts im Jahre 1349 ihre jüdischen Mitbürger vertrieben und töteten. Im weiteren Verlauf der Arbeit soll dann der Judenpogrom in Straßburg (1349) noch einmal beleuchtet werden. Aufgrund der geographischen Nähe zu Erfurt wird dieser aber Hauptschwerpunkt sein.

3.1 Krisenhafter Charakter des 14. Jahrhunderts

Wenn man sich auf die Spurensuche jener Ereignisse macht, so fällt auf, dass nahezu alle Quellen und Literaturen eine bestimmte Tat als Auslöser der Verfolgungen nennen. Hierzu heißt es beispielsweise in Wellendorfs Chronik: „Anno 1349 Ward in Duringen vnd andern landen ein groß Sterben, Vnd man sagt, das die Juden hatten alle wasser vnd börner vergiftet zu verstohrung des Christlichen glaubens, worden derhalben in allen landen alle juden verbrandt.“[20] Es ist hierbei die Rede davon, dass die Juden in jenem Jahr die Brunnen und das

---

18 Vgl. Dinzelbacher, Peter: Religiosität. Mittelalter, In: Dinzelbacher, Peter: Sterben/ Tod. Mittelalter, In: Dinzelbacher, Peter (Hrsg.): Europäische Mentalitätsgeschichte. Hauptthemen und Einzeldarstellungen, Stuttgart 2008, S. 146f.
19 Vgl. Ebd., S. 148.
20 Tromm, Friedhelm: Die Erfurter Chronik des Johannes Wellendorf (um 1590). Edition-KommentarUntersuchung, Köln/Weimar/Wien 2013, S. 119.

Trinkwasser vergiftet hätten, um den christlichen Glauben zu zerstören. Dies habe nicht nur in Thüringen, sondern auch in anderen Gebieten stattgefunden, woraufhin die Juden verbrannt worden wären. Für den Hintergrund dieses Zitates ist es zwingend notwendig zu wissen, dass die Pest in dieser Zeit auf dem Vormarsch war bzw. bereits erste Opfer gefordert hatte. Die Christen beschuldigten daraufhin die Juden, dass sie durch die Brunnenverschmutzungen die Pest absichtlich verbreitet hätten und riefen zu den Judenverfolgungen und Hinrichtungen auf.[21] Gestützt wurde diese Legende damit, dass die Juden die Christenheit ausrotten wollten. Die Unsinnigkeit war vielen bewusst, jedoch benötigte man ein Erklärung, die das Massensterben begründete.[22] Die Annahme verbreitete sich auch, dass das Peststerben weder auf göttliche Strafe noch auf natürliche Gründe zurückzuführen sei. Im Falle des Erfurter Pogroms von 1349 bezogen sich die Beschuldigungen auf die Vergiftung der Quellen des Flusses Gera. Über die Glaubwürdigkeit dieses Vorwurfs kann man wohl eher streiten. So berichtet auch die Germania Judaica, dass der Erfurter Rat auf Nachfrage vom Würzburger Rat damals versicherte, dass es keinerlei Untat von Seiten der Juden gegeben hätte.[23] Es erscheint generell sehr unwahrscheinlich, dass sich die jüdischen Anhänger durch solch eine Tat ernsthaften Erfolg versprachen, ohne sich selbst zu gefährden. Vermutlich kann man diese Beschuldigung der Brunnenvergiftung eher als Rechtfertigungsversuch der Christen für die Verfolgung sehen. Die eigentlichen Ursachen lagen sicherlich tiefgründiger. Alfred Haverkamp sieht diese in den sozialen Konfliktsituationen, die durch Pest und Geißlerzüge lediglich zum Ausbruch gekommen seien.[24] Schon im 13. Jahrhundert habe sich die Lage der Juden in den deutschen Städten verschlechtert, da das Proletariat gegenüber dem Patriziat erstarkte und seinerseits die Juden aus religiösen und wirtschaftlichen Gründen hasste.[25] Die Gründe dafür werden zu einem späteren Zeitpunkt noch genauer erläutert (siehe 4.1 Wirtschaftliche Motive).

Festzuhalten ist jedenfalls, dass die Juden in diese Art des Klassenkampfes hineingezogen wurden. Jenen Gesichtspunkt unterstützt auch Christoph Cluse in seinem Aufsatz. Dort gibt er an, dass anstelle der Brunnenvergiftung Zusammenhänge mit politisch-herrschaftlichen

---

21 Vgl. Avneri: Erfurt, S. 220.
22 Vgl. Graus, Frantisek: Pest – Geißler – Judenmorde. Das 14. Jahrhundert als Krisenzeit. Göttingen 1994, S. 299.
23 Vgl. Avneri: Erfurt, S. 220.
24 Vgl. Haverkamp: Die Judenverfolgungen zur Zeit des Schwarzen Todes, S. 31.
25 Vgl. Ebd..

Konstellationen offensichtlicher seien.[26] Insgesamt schien somit der Aufstieg bzw. die Stellung der Juden in Politik und Gesellschaft von vielen Christen nicht akzeptiert worden zu sein. Man kann eventuell sogar soweit gehen, dass sie aus Angst um ihre eigene Position im Gesellschafts- und Machtgefüge der damaligen Zeit zu den Verfolgungen aufriefen. Gewiss ist davon auszugehen, dass ein gewisser Anteil der Menschen, die die Juden verfolgten, tatsächlich an den Wahrheitsgehalt des Vorwurfes der Brunnenvergiftung glaubte und lediglich aus diesen Gründen gegen sie vorging. Dennoch ist es wohl unbestritten, dass ein ebenso großer Teil jener Personen diesen Vorwurf der Verbreitung der Pest, die aufgrund ihres furchtbaren Charakters nicht umsonst als „Schwarzer Tod" bezeichnet wurde, als Vorwand nutzte, um gegen diese Minderheit systematisch vorzugehen.[27] Zusammenfassend kann man sagen, dass die Pogrome der Jahre 1348-50 sicherlich nicht allein durch den Ausbruch der Pest und ihre Begleitumstände verursacht worden sind, auch wenn diese durchaus eine Rolle spielten. Da aber bereits im 11. und 12. Jahrhundert und somit vor Ausbrechen der Pest Judenverfolgungen nachgewiesen sind, erscheinen wie oben angesprochen multikausale Ursachen als wahrscheinlicher.[28]

Natürlich gibt es auch klerikale Begründungen der Judenfeindschaft und Pogromwellen. Ein Musterbeispiel hierfür ist die Fabel vom sogenannten Ritualmord der Juden. Demnach hätten Juden einen Christen (hier einen Knaben) ermordet, um dessen Blut für rituale Zwecke zu missbrauchen. Diese Fabel tauchte bereits im Altertum auf. Sie wurde seit dem 13. Jahrhundert im Reich übernommen und ist verbreitet worden. Sie diente dazu Juden kollektiv als Mörder abzustempeln. Den Hass „gegen sie zu schüren, manchmal auch dazu, einen lokalen Heiligen-Märtyrer zu fabrizieren.[29] Opfer von Ritualmorden galten als Märtyrer des wahren Glaubens und hatten Anspruch auf Verehrung. Daher war es verlockend, bei Morden, welche den Juden angelastet worden sind, sich gleichfalls einen Heiligen zu verschaffen. Das diente zum Nutzen und zu Ehren der betreffenden Kirche. Jedoch wussten die Menschen, die sich mit dem Judentum beschäftigten, dass diese Fabel nur eine Legende sein konnte. Natürlich haben Juden auch gemordet, aber niemals Blut für rituelle Zwecke missbraucht. Nach den Ritualvorschriften des Judentums wirkt jedes Blut (auch tierisches Blut)

---

26 Vgl. Cluse: Zur Chronologie der Verfolgungen, S. 232.
27 Vgl. Ruf, Reinhold: Juden im spätmittelalterlichen Erfurt. Bürger und Kammerknechte, In: Hirschmann, Frank G. / Mentgen, Gerd (Hrsg.): Campana pulsante convocati. Festschrift anlässlich der Emeritierung von Prof. Dr. Alfred Haverkamp, Trier 2005, S. 502.
28 Vgl. Haverkamp: Die Judenverfolgungen zur Zeit des Schwarzen Todes, S. 29.
29 Graus: Pest – Geißler – Judenmorde, S. 283.

verunreinigend. Daher war diese Fabel ein Ausdruck von Absurdität.[30] Eine weitere klerikale Begründung war der „Hostienfrevel". Ausgangspunkt für diese Darstellung war die Schuld des jüdischen Volkes am Tod Jesus. Viele Prediger behaupteten, dass Juden die Hostien (diese sprachen mit Kinderstimme und nahmen den lebendigen Geist Jesus an) marterten. Sie sollen diese geschändet, durchbohrt und misshandelt haben.[31]

Es lässt sich zusammenfassend sagen, dass die klerikalen Begründungen für die Judenverfolgungen kaum Pogrome hervorgerufen hätten. Grund dafür ist, dass sie Anklang und Glauben im Volk fanden.

3.2 Regionale Ausbreitung als Form einer Massenbewegung

Nachdem unter Gliederungspunkt 3.1 die sozialen Konfliktsituationen und klerikale Legenden als Ursachen betrachtet wurden, soll nun noch einmal eine andere Perspektive untersucht werden, die als weiterer Auslöser des schwerwiegenden Erfurter Pogroms von 1349 gesehen werden kann: die regionale Ausbreitung. Die Verfolgungswelle hatte im April 1348 in Südfrankreich begonnen, von wo aus sie sich bis zum Ende des gleichen Jahres bis nach Süddeutschland ausbreitete.[32] Bereits Anfang des Jahres 1349 hatten die Verfolgungen Thüringen und Bayern erreicht, bevor die Bewegung im Sommer auch nach Hessen und in das Rheinland übergriff.[33] Es fällt auf, dass sich die Hetzjagden gegen die Juden scheinbar geradlinig vom südlichen Europa nach Norden ausgedehnt haben. Demnach könnte man dieses Phänomen als eine Art der Massenbewegung bezeichnen, die eine Eigendynamik annahm und somit letztlich eine Vielzahl von Menschen gegen die jüdischen Bürger rebellieren ließ. Christoph Cluse weist beispielsweise darauf hin, dass sich die Geschichten über die Brunnenvergiftungen schneller verbreiteten hätten als die Pest selbst. Er ergänzt in diesem Zusammenhang, dass es „keine klare Trennung zwischen den von breiten Bevölkerungskreisen getragenen Lynchmorden und den konzentrierten Bemühungen städtischer und territorialer Herrschaften, ihre Juden vor Gericht zu bringen, ihnen Geständnisse abzupressen und sie ‚abzuschaffen' "[34] gegeben habe. Dies bestätigt einmal mehr die Theorie, dass es bei den Judenverfolgungen vornehmlich um politische und

---

30 Vgl. Ebd., S. 283f.
31 Vgl. Ebd., S. 292f.
32 Vgl. Lämmerhirt, Maike: Juden in den wettinischen Herrschaftsgebieten. Recht, Verwaltung und Wirtschaft im Spätmittelalter, Köln/Weimar/Wien 2007. S. 27.
33 Vgl. Lämmerhirt: Juden in den wettinischen Herrschaftsgebieten, S. 27.
34 Cluse: Zur Chronologie der Verfolgungen, S. 230.

gesellschaftliche Interessen Seitens der Christen ging. Das ist wohl auch der Grund dafür, dass sich die Hetzjagden relativ flott und überregional ausbreiteten.[35] So wollten sich die christlichen Bürger und Herrscher in dieser relativ schwierigen Zeit des Spätmittelalters vermutlich vor weiteren Problemen, die aus ihrer Sicht von den Juden ausgingen, schützen. Deshalb kann man durchaus davon sprechen, dass die Judenverfolgung in Erfurt im Jahr 1349 aus einer sich von Region zu Region ausbreitenden Massenbewegung heraus entstand.

4. Motive der Verfolgungen

Im Folgenden sollen nun Motive der christlichen Bürger und Herrscher aufgezeigt werden, die sie zu den Judenverfolgungen veranlassten. Auch hierbei dient das Erfurter Pogrom von 1349 als Leitfaden. Es wird in drei Unterpunkte eingeteilt, um eine bessere Übersichtlichkeit gewährleisten zu können.

4.1 Wirtschaftliche Motive

Obwohl Markgraf Friedrich von Meißen 1330 von Ludwig dem Bayern die Hoheit über die Erfurter Juden verliehen bekommen hatte, verfügte praktisch weiterhin die Stadt über sie.[36] Diese beschloss zehn Jahre später, dass Juden nicht in ihren Häusern, sondern nur auf dem Markt und den Straßen Verkäufe tätigen dürften.[37] Dieser Beschluss bezog sich primär auf die Geldleihe, welche ihre hauptsächliche wirtschaftliche Tätigkeit darstellte.[38] Christen war es im Gegensatz zu den jüdischen Mitbürgern bis in das 15. Jahrhundert hinein nach kanonischem Recht verboten, Geld gegen Zinsen zu verleihen. Umgekehrt durften die Juden nicht im zunftgemäßen Gewerbe und Ackerbau tätig sein und verdienten sich deshalb ihr tägliches Brot im Handel, als Pfandleiher oder im Zinsgeschäft.[39] Aus diesem Grunde hatte eine große Anzahl und darüber hinaus auch recht mächtige Christen (z.B. Grafen, Kaufleute, Stifte & Klöster und die Stadt Erfurt selbst[40]) im Spätmittelalter Kredite bzw. Schulden bei den Juden. Die Erfurter Chronik sieht in den großen Geldsummen, die die Christen den Juden schuldeten, das Hauptmotiv der Verfolgung von 1349, während der Vorwurf der

---

35 Vgl. Haverkamp: Die Judenverfolgungen zur Zeit des Schwarzen Todes, S. 36ff.
36 Vgl. Avneri: Erfurt, S. 217
37 Vgl. Ebd..
38 Vgl. Ebd..
39 Vgl. Fromm, Erich: Das jüdische Gesetz. Zur Soziologie des Diaspora–Judentums. Dissertation von 1922, Weinheim [u.a.] 1989, S. 99ff
40 Vgl. Avneri: Erfurt, S. 217.

Brunnenvergiftung eher skeptisch betrachtet wird.[41] Auch Haverkamp sieht diesbezüglich die wirtschaftlichen Motive als schwerwiegender an. Objektiv betrachtet, erscheint dieser Aspekt ebenfalls als recht wahrscheinlich, da sich sicherlich einige Personen mit Hilfe der Hetzjagden und Hinrichtungen gegen die jüdischen Bürger eine Befreiung von ihren Schulden erhofften. Einen weiteren Beleg für diese Vermutung liefert die Quelle der „Cronicae S. Petri Erfordensis Continuatio", welche auf das Jahr 1303 verweist. Damals drohte eine von Weißensee ausgehende Verfolgung auf Erfurt überzugreifen. Diese konnte aber von den Juden durch reiche Geldspenden an die Bürgermeister und Patrizier noch verhindert werden.[42] Somit war es in diesem Fall einer Bestechung zu verdanken, dass es nicht bereits in jenem Jahr zu einem Pogrom verheerenden Ausmaßes kam, wie es dann 1349 folgen sollte. Dies zeigt, wie wichtig den Christen die finanzielle Situation war und dass sie in der Lage wären, für die Befreiung von ihren Krediten, Menschen zu töten. Verdeutlicht wird dies durch ein Zitat aus Werner Mägdefraus Werk „Der Thüringer Städtebund im Mittelalter", in dem es heißt: „Die Judenverfolgungen um die Mitte des 14. Jahrhunderts waren in letzter Konsequenz eine Auseinandersetzung zwischen Gläubigern und Schuldnern, […] deren Charakter mit religiös-abergläubischen Mitteln verhüllt wurde."[43] Deshalb muss man konstatieren, dass die wirtschaftlichen Motive bei den Judenverfolgungen insgesamt, wie auch beim Erfurter Pogrom von 1349, eine große Rolle gespielt haben.

4.2 Politische Motive

Darüber hinaus wird in der Forschung mehrfach davon gesprochen, dass auch die politischen Faktoren bei jener Hetzjagd nicht außer Acht gelassen werden dürfen. Erfurt wurde im Jahre 742 zur Bischofsstadt und war seit 755 mit dem Mainzer Bistum vereinigt.[44] Von dieser Zeit an bis hinein ins Spätmittelalter besaßen die Juden somit eine herrschaftliche Verbindung zum König und dem Erzbischof von Mainz. Während jene zum Reichsoberhaupt nur mittelbar und punktuell war und mit der Rechtsvorstellung der Kammerknechtschaft begründet wurde, hielt der Erzbischof die Gerichtsbarkeit, das Besteuerungsrecht und die Erteilung von Privilegien

---

41 Vgl. Cronicae S. Petri Erfordensis Continuatio III, In: Holder-Egger, Oswaldus (Hrsg.): Monumenta Erphesfurtensia saec. XII.XIII.XIV, Hannover & Leipzig 1899, S. 380.
42 Vgl. Cronicae S. Petri Erfordensis Continuatio III, S. 435f.
43 Mägdefrau, Werner: Der Thüringer Städtebund im Mittelalter, Weimar 1977, S. 55.
44 Vgl. Kaiser, Reinhold: Bischofsstadt, In: Lexikon des Mittelalters, Band 3, München & Zürich 1986, Sp. 239f.

in seinen Händen.[45] Die Juden zahlten ihm dafür eine Jahressteuer von 80 und später 100 Mark lötigen Silbers, sowie einen Zins von ihren Häusern. Als Gegenleistung konnte der Erzbischof dafür in schwierigen Phasen u.a. den Judenschutz aussprechen.[46] Unabhängig davon fand seit 1300 eine umfangreiche Inklusion der Juden in die Stadtgemeinschaft statt, wodurch sie in zahlreichen Städten den Bürgerstatus erreichten. Des Weiteren konnte sich in dieser Zeit ein weitgehend unabhängiger patrizischer Rat etablieren, dem es gelang, sich vor der weltlichen Herrschaft der Mainzer Erzbischöfe zu emanzipieren, wenngleich diese formal als Stadtherren anerkannt blieben.[47] Somit bestimmte dieser Stadtrat im Spätmittelalter faktisch die jüdischen Geschehnisse und stellte die primäre Schutzmacht der Juden in Erfurt dar.[48] Diesem wird allerdings in Bezug auf das Pogrom von 1349 vorgeworfen, nicht nur seiner Judenschutzpflicht nicht nachgekommen zu sein, sondern habe er auch, aus Angst vor der Bürgeropposition, die soziale Missstimmung in der Stadt absichtlich gegen die Juden gelenkt.[49] Demnach wollten die Ratsmitglieder durch die angesprochenen Maßnahmen ihre persönliche Machtposition innerhalb des damaligen Systems bewahren und einen Umsturz vermeiden. Dies schien ihnen wichtiger zu sein als der Schutz und die Rettung der Juden. Die daraus resultierte erschütterte Autorität versuchte der Rat durch die Hinrichtung dreier Rädelsführer, die die Verschwörung gegen die Juden geleitet hatten, wiederherzustellen.[50] Weitere Drahtzieher wurden verbannt. Dennoch blieben ein Imageschaden und die Bestätigung, dass politische Motive bei dem Erfurter Pogrom von 1349 ebenso hineingespielt haben, zurück. Hinzu kam eine Verschwörung, durch die eine Anzahl ehemaliger Ratsherren, Söhne von Patriziern und einige Zunftmeister an die Macht kommen wollte. Sie besorgten sich Waffen und versicherten ihren Gefolgsleuten, dass der Rat insgeheim den Tod der Juden wünschte.[51] Wie so oft in Ausnahmesituationen gab es also auch in diesem Fall eine Gruppe von Personen, die aus dem vorherrschenden Chaos Kapital schlagen und einen politischen Umsturz herbeiführen wollte. Auch wenn dies letztlich keinen Erfolg hatte, so wurde dadurch das Schicksal der Juden endgültig besiegelt, da sich dieser antijüdischen Bewegung bereits viele christliche Bürger angeschlossen hatten.

---

45 Vgl. Ruf: Juden im spätmittelalterlichen Erfurt, S. 499; ebenso Vgl. Avneri: Erfurt, S. 216.
46 Vgl. Avneri: Erfurt, S. 216.
47 Vgl. Kaiser: Bischofsstadt, Sp. 239f.
48 Vgl. Ruf: Juden im spätmittelalterlichen Erfurt, S. 502
49 Vgl. Mägdefrau: Der Thüringer Städtebund im Mittelalter, S. 55.
50 Vgl. Avneri: Erfurt, S. 220.
51 Vgl. Ebd..

4.3 Religiöse Motive

Bereits im 12. und 13. Jahrhundert hatte unter anderem die in Westeuropa ansteigende antijüdische Gewaltbereitschaft unter der christlichen Bevölkerung eine wichtige Rolle gespielt[52], die, wie in dieser Arbeit schon angesprochen, auch in der Folge nicht abflachen sollte. Um die Gründe dieser negativen Grundeinstellung nachvollziehen und dahingehende Motive bei den Verfolgungen besser verstehen zu können, müssen zunächst ein paar religiöse Grundsätze betrachtet werden. „Für die Juden war das sogenannte Alte Testament die heilige Schrift schlechthin, auf der letztlich die ganze Tradition beruhte. Die Juden waren Israel, das auserwählte Volk Gottes [...]. Für die christliche Lehre war das Alte Testament lediglich die Vorstufe des Neuen Testaments, das durch den Neuen Bund erfüllt und aufgehoben ist".[53] Die Hauptunterschiede lagen somit in der Auffassung der Bibel und in der Wesenswahrnehmung Christi. Während die Juden im jüdischen Selbstverständnis das auserwählte Volk Gottes blieben, hatten sie im Auge der Christen durch die Verleumdung der Göttlichkeit Christi ihre Vorrangstellung verloren. Demzufolge waren Vertreibung und Leiden der Juden logische Konsequenzen.[54] Des Weiteren wurden die Teilnehmer der Passion in den biblischen Szenen oft als Juden dargestellt, wodurch man auf christlicher Seite zu der Ansicht gelangte, dass die Juden der Gegenwart eine gewisse Mitschuld an der Kreuzigung Jesu hätten. In Folge dessen wurden sie mit Heiden und Ketzern gleichgesetzt, als eine Sondergruppe am Rande der Gesellschaft gesehen und es entstand das Schlagwort der „Gottesmörder".[55] Somit wurde explizit im Spätmittelalter ein ausgeprägt negativer Fremdenstereotyp der Juden aufgebaut, der letztendlich zu dieser relativ breiten Ablehnung führte.[56] Man kann in diesem Zusammenhang festhalten, dass auch im Falle des Erfurter Pogroms von 1349 solche religiösen Motive sicherlich eine Rolle gespielt haben. Dennoch wurden diese religiösen Unterschiede von den Christen im 14. Jahrhundert insgeheim wohl mehr als Rechtfertigungsgrund für die Verfolgungen genutzt. Wenn man sich abschließend die drei angesprochenen Motive anschaut, so muss man sagen, dass im Hinblick auf die Judenverfolgung von 1349 in Erfurt alle von Bedeutung waren. Während die wirtschaftlichen und politischen nach Erforschung der Thematik wohl die tragende Rolle einnahmen, so waren

---

52 Vgl. Ruf: Juden im Spätmittelalterlichen Erfurt, S. 490.
53 Graus, Frantisek: Historische Traditionen über Juden im Spätmittelalter (Mitteleuropa), In: Haverkamp, Alfred (Hrsg.): Zur Geschichte der Juden im Deutschland des späten Mittelalters und der frühen Neuzeit, Stuttgart 1981, S. 10.
54 Vgl. Ebd., S. 16.
55 Vgl. Ebd., S. 12.
56 Vgl. Ebd., S. 7.

natürlich auch die religiösen Motive nicht von der Hand zu weisen, dienten wohl aber mehr als Deckmantel für die eigentlichen Absichten der Christen.

5. Der Erfurter Judenpogrom von 1349

Nun soll der Judenpogrom in Erfurt von 1349 skizziert werden. Hierbei stehen vor allem die Fragen nach dem Ablauf und den Folgen im Vordergrund.

5.1 Verlauf des Erfurter Judenpogroms von 1349

Erfurt hatte eine der größten, wenn nicht sogar die größte Judengemeinde im Reich.[57]

In allen Quellen wird übereinstimmend der 21. März 1349 als der Tag genannt, an dem das Erfurter Judenpogrom seinen Anfang nahm. So wird in der Erfurter Chronik des Johannes Wellendorf darauf hingewiesen, dass an jenem 21.März, dem Tag des Sankt Benedikt, die Juden von 6000 Jungen und Alten erschlagen worden seien.[58] Schenkt man dem Glauben, so war das eine durchaus große Anzahl von Christen, die sich an dem Pogrom beteiligten. Denn auch wenn Erfurt Mitte des 14. Jahrhunderts eine überregional bedeutsame Handels- und Großstadt darstellte, die innerhalb des Erzstiftes neben Mainz eine herausragende Stellung einnahm, so waren die damaligen Einwohnerzahlen verglichen mit den heutigen ziemlich gering.[59] Die bereits angesprochene Gruppe ehemaliger Ratsherren, Patriziersöhne und Zunftmeister, die die Verfolgungen initiierten, ließ ihre Anhänger an jenem Tag mit Bannern vor der Kirche versammeln. Daraufhin schickte der Stadtrat eines ihrer Mitglieder zu ihnen, damit dieser das Pogrom verhindern möge.[60] Allerdings gab dieser stattdessen den Hinweis, dass die Handwerker die Wallgasse absperren sollen, damit die Juden nicht entkommen könnten. Der Ratsherr hetzte somit die Menge noch auf, anstatt sie zu beschwichtigten, wodurch er sich als Feind der Juden und Freund der Verfolgung entpuppte.[61] So konnte auch die Versicherung der Anführer, dass der Rat sich insgeheim den Tod der Juden wünsche, Glauben unter der Bevölkerung finden und der Hass weiter geschürt werden.[62] Die jüdischen Bürger, die sich in der Synagoge verschanzt hatten, dachten ihrerseits an Gegenwehr und

---

57 Graus: Pest – Geißler – Judenmorde, S. 189.
58 Vgl. Tromm: Die Chronik des Johannes Wellendorf, S. 119.
59 Vgl. Ruf: Juden im spätmittelalterlichen Erfurt, S. 494.
60 Vgl. Avneri: Erfurt, S. 220.
61 Vgl. Ebd..
62 Vgl. Haverkamp: Die Judenverfolgungen zur Zeit des Schwarzen Todes, S. 53.

hatten sich mit Armbrüsten und Spießen bewaffnet. Nachdem jedoch über 100 von ihnen getötet worden waren, verloren sie die Hoffnung, zündeten ihre Häuser an und begingen Selbstmord, um zusätzlichen Leiden zu entgehen.[63] So heißt es bei Wellendorf: „Vnd do sie sahen, das sie sterben sollten, vnd nicht genesen wurden, schlossen sie ihr thüren zu, vnd stiessen ihr eigene heuser an mit feuwr, verbrandten sich selbst, vnd alles was sie hatten."[64] In Folge dessen waren nach dem 21. März 1349 alle Juden aus Erfurt vertrieben oder getötet. Ihre Leichen wurden drei Tage später mit Karren zum Friedhof gefahren und dort begraben.[65]

5.2 Ergebnis und Folgen des Pogroms

Insgesamt war mit den Verfolgungen in der Mitte des 14. Jahrhunderts die jüdische Existenz in Mitteleuropa erstmals grundsätzlich in Frage gestellt.[66] Auch in Erfurt stellte das Pogrom von 1349 gleichzeitig das Ende der ersten jüdischen Gemeinde in der Stadt dar. Nachdem der Stadtrat aufgrund der Beteiligung mindestens eines Mitgliedes an der Verfolgung sein Ansehen verloren hatte, versuchte man dieses durch die Hinrichtung dreier Rädelsführer und die zusätzliche Verbannung weitere Hetzer wiederherzustellen. Nicht zuletzt deshalb, weil jener Ratsherr, der die Stimmung gegen die Juden aufgeheizt hatte, ohne Bestrafung davon kam, blieb dieses Unterfangen Stückwerk.[67] Wirft man einen Blick auf die wirtschaftlichen Folgen, so wird in der Germania Judaica vermerkt, dass nach dem 21. März 1349 alle Schulden der Stadt und der Bürger bei Juden annulliert wurden. Überspitzt formuliert, könnte man sagen, dass die christlichen Bürger und Herrscher der Stadt dadurch ihr Ziel erreicht hatten. Denn durch die zwischenzeitliche Ausrottung des jüdischen Lebens in Erfurt entledigten sie sich auch ihrer Schulden und Kredite. Des Weiteren wurden die Häuser und Wohnstätten der Juden nach und nach an die christlichen Bürger übergeben.[68] Im Jahre 1354 und somit bereits fünf Jahre nach dem Pogrom siedelten erstmals wieder zwei jüdischen Familien in Erfurt an.[69] Ruf deutet hierbei eine günstige Verhandlungsposition an und verweist diesbezüglich auf zahlreiche Indizien, die das Interesse des Stadtrates an einer erneuten Niederlassung von Juden bestätigen. Ob man sich dadurch von der nach außen hin scheinbar antijüdischen Haltung Erfurts distanzieren wollte oder man die Intensionen, die

---

63 Vgl. Avneri: Erfurt, S. 220 und Vgl. Graus: Pest – Geißler – Judenmorde, S. 191.
64 Tromm: Die Chronik des Johannes Wellendorf, S. 119.
65 Vgl. Avneri: Erfurt, S. 220.
66 Vgl. Ruf: Juden im spätmittelalterlichen Erfurt, S. 502.
67 Vgl. Avneri: Erfurt, S. 220.
68 Vgl. Ebd..
69 Vgl. Ruf: Juden im spätmittelalterlichen Erfurt, S. 503.

man bei den Judenverfolgungen im Sinn hatte (siehe 3. Motive), erreicht hatte und daher eine Wiederansiedlung duldete, lässt sich wohl nicht zu 100% aufklären. Ziemlich sicher ist, dass 1357 die zweite jüdische Gemeinde in Erfurt gegründet wurde und in diesem Zusammenhang auch eine neue Synagoge samt Judenbuch entstand.[70] Somit lässt sich eine relativ kurzweilige judenfreie Phase in Erfurt konstatieren, was einmal mehr die Vermutung aufkommen lässt, dass bei den Judenverfolgungen keine grundsätzlichen religiösen Probleme im Mittelpunkt standen. Denn diese hätten sich wohl kaum in fünf Jahren gelöst. Es ging vermutlich vielmehr um politische, wirtschaftliche und gesellschaftliche Interessen, die man durch das Pogrom zunächst einmal erreicht hatte. Greifen wir den Punkt der regionalen Ausbreitung noch einmal auf, so fällt auf, dass unmittelbar nach dem Erfurter Pogrom am 21. März 1349 weitere Pogrome in Mühlhausen und Nordhausen folgten, was die Behauptung einer Massenbewegung als eine Teilursache der Verfolgungen (siehe 2.2 Regionale Ausbreitung als Ursache) erneut bestätigt.[71]

6. Der Straßburger Judenpogrom von 1349

Nun soll der Judenpogrom in Straßburg näher beleuchtet werden. Verlauf und Folgen werden hierbei ebenso geschildert, wie im zuvor erwähnten Beispiel in Erfurt. Jedoch werden Motive und Ursachen nicht so detailliert auf Straßburg bezogen, wie dies bei Erfurt geschehen ist. Dies würde der Rahmen dieser Arbeit nicht erlauben. Jedoch sollen Anlass bzw. Ursache kurz erläutert werden.

Straßburg gehörte zu einer der größten Judensiedlungen des Reiches. Die Juden sollten die Rolle des Blitzableiters für politische und soziale Unzufriedenheit einnehmen. Als Gerüchte über Brunnenvergiftungen die Stadt erreichten, ergriff man unverzüglich Gegenmaßnahmen. Man erkundigte sich über diese Nachricht von verschiedenen Seiten. Im August 1349 richtete man sechs vermeintliche Brunnenvergifter hin. Man errichtete eine Sonderkommission, welche die Anschuldigungen bzgl. der Juden aus Straßburg untersuchen sollten. Diese Kommission kam zu einem negativen Ergebnis. Dies löste Empörung innerhalb der Stadt aus.[72]

---

70 Vgl. Avneri: Erfurt, S. 220; ebenso Vgl. Ruf: Juden im spätmittelalterlichen Erfurt, S. 503.
71 Vgl. Cluse: Zur Chronologie der Verfolgungen, S. 231ff.
72 Vgl. Graus: Pest – Geißler – Judenmorde, S. 179.

6.1 Verlauf des Straßburger Judenpogroms von 1349

Das Volk der Stadt war der Annahme, dass Juden den Rat bestochen hätten. Sogar der Kölner Rat wandte sich am 12. Januar 1349 an die Stadt Straßburg, dass keine Beweise für Brunnenvergiftungen vorliegen und es zu Volkstumulten kommen könnte. Peter Schwarber, welcher die Führung im Rat inne hatte, unterstrich dies zusätzlich damit, dass die Juden „Trostbriefe" der Stadt besäßen. In dieser angespannten Lage übernahmen der Bischof von Straßburg und die Herren im Elsaß die Initiative. Wohl aus dem Grund, weil diese Herren bei den Straßburger Juden tief verschuldet waren und an einer Liquidierung ihrer Gläubiger interessiert waren.[73] Diese Herren beriefen in Benfeld einen Tag mit dem Programm zur „Abschaffung der Juden". Pogrome in Oberrheingebiet waren die unmittelbare Folge. Straßburg hingegen verteidigte noch seine Juden. Auch wenn die Trinkbecher an den Brunnen entfernt worden sind. Dies bestärkte natürlich die Judengegner. Daraufhin wurden Ritter und Patrizier zur Unterstützung geholt. Diese waren ohnehin bestrebt ihre 1332 teilweise eingebüßte Macht wiederherzustellen. Es kam zum Aufstand am 9./10. Februar 1349.[74] Bei diesem auch die Fleischer beteiligt waren.[75] Als Folge des Aufstandes wurde der Rat umgestoßen. Peter Schwarber wurde gezwungen sein Amt niederzulegen. Er floh sicherheitshalber aus der Stadt und sein Vermögen wurde beschlagnahmt. Ein neuer Rat wurde gewählt und die „Zeche für den ganzen Umsturz zahlten, neben Peter Schwarber, die Juden."[76] Die Ereignisse fanden am Montag und Dienstag (9./10. Februar) statt, die weiteren Ereignisse schilderte Closener präzise und knapp in seiner Chronik: „An der mittewoche swur man den rat, an dem dunresttag swur man in deme garten. An dem fritage ving man die Juden, an dem samestage brante man die Juden."[77]

Die Schuld der Juden stand nun endgültig fest. Von einer formalen Abstimmung ist hierbei keine Rede. Unter dem Vorwand vertrieben zu werden, sind die Juden aus der Stadt geführt wurden. Allerdings sind sie zum Judenfriedhof geführt wurden. Auf diesen hatte man bereits ein „Holzhaus" zur Verbrennung errichtet. Auf dem Weg dorthin erlitten die Juden eine Pein voller Schmach. Sie wurden nackt ausgezogen. In ihren Kleidern suchte man nach Geld. Hübsche Jüdinnen und mehrere Kinder wurden zur Taufe gezwungen. Alle anderen wurden

---

73 Vgl. Ebd., S. 180 und Vgl. Haverkamp: Die Judenverfolgungen zur Zeit des Schwarzen Todes, S. 30.
74 Vgl. Graus: Pest – Geißler – Judenmorde, S. 181f.
75 Fleischer sahen in den jüdischen Fleischern Konkurrenten, da sie geschlachtetes Vieh nicht selber verbrauchten und daher billiger verkauften.
76 Ebd., S. 183.
77 Closener, Fritsche: Straßburger Chronik (Chroniken der deutschen Städte, Bd. 8: Die Chroniken der oberrheinischen Städte, Straßburg Bd. 1, ed. E. Hegel),Leipzig 1870, Nachdruck Göttingen 1961, S. 130.

verbrannt und starben, weil sie aus dem Fenster des „Holzhauses" sprangen.[78]

6.2 Ergebnis und Folgen des Pogroms

Im nächstens Schritt werden nun die Nachwirkungen des Pogroms beschrieben. Nach dem die Juden verbrannt wurden, konnte nun die „Beute" aufgeteilt werden. Dabei wurden Schuldbriefe der Pfänder beschlagnahmt, die gesamten Schulden der Stadt annulliert und das Bargeld unter den Zünften verteilt. Closener interpretiert in seiner Chronik ebenfalls, dass es das Geld („Gift") war, welches den Juden zum Verhängnis wurde: „daz was auch die vergift die die Juden dote."[79] Für die Straßburger dagegen schienen die Taten gerecht zu sein und alles sich in „eitel Freude zu verwandeln."[80] Jedoch konnten die Bewohner das erlangte „Judenerbe" nicht „genießen". Karl IV. meldete sich als erster mit seinen Ansprüchen.[81] Unmittelbar vor dem Pogrom hatte er seinem Großonkel, dem Erzbischof Balduin von Trier, das gesamt „Judenerbe" im Reich und insbesondere im Elsaß überlassen.[82] Diese Ansprüche konnte er jedoch nicht geltend machen. Am 12. September 1349 verzieh Karl IV. der Stadt den Judenmord und den Raub des Judengutes.[83] Jedoch fühlte sich der Rat um seiner „ergaunerten" Beute nicht sicher, da einige Juden fliehen konnten. So schlossen die Straßburger am 5. Juni 1349 ein Bündnis, dass sich gegen Karl IV. und auch gegen die habsburgischen Vögte richtete. Weiterhin forderte der Rat alle Teilnehmer im Elsaß dazu auf, „ihre" Juden zu ermorden. Allem nicht genug beschlossen sie für die nächsten 100 Jahre keine Niederlassung von Juden in Straßburg zuzulassen.[84]

Die Patrizier hatten unter Hilfe ihre zünftischen Verbündeten zunächst gesiegt. In Straßburg und auch in anderen Städten dieser Zeit waren die sozial-politischen Fronten nicht klar geklärt. Aber durch die Ereignisse des Jahres 1349 bedeuteten diese einen Sieg der „patrizischen Partei". Dies war jedoch nur ein Schein, denn die wirtschaftlichen und sozialen Kräfte innerhalb der Stadt hatten sich nicht verschoben. Die Juden hatte für diese Änderungen bezahlt und fungierten als Sündenböcke. Die Existenz der Juden war faktisch mit dem Pogrom beendet. Es wurden zwar trotz aller Bündnisse und Gelöbnisse seit dem Jahr 1369

---

78 Vgl. Graus: Pest – Geißler – Judenmorde, S. 183f.
79 Closener, Straßburger Chronik, S. 130.
80 Graus: Pest – Geißler – Judenmorde, S. 185.
81 Auf die Rolle Karl IV. wird im Gliederungspunkt 6. näher eingegangen.
82 Vgl. Graus: Pest – Geißler – Judenmorde, S. 185.
83 Vgl. Avneri, Zvi: Straßburg, In: Avneri, Zvi (Hrsg.): Germania Judaica, Band 2, 2. Halbband, Tübingen 1968, S. 803.
84 Vgl. Graus: Pest – Geißler – Judenmorde, S. 185 und Vgl. Avneri: Straßburg, S. 803.

Juden wieder in Straßburg aufgenommen, dies war jedoch nicht von Dauer.

Erklären lässt sich die Tragödie, wenn es überhaupt eine Erklärung gibt, nur im Rahmen der Geschichte des Antisemitismus „als eines religiös bestärkten Irrglaubens aus Fremdenhaß, der unter bestimmten Umständen in Massenwahn"[85] umschlug. Schließlich kann man sagen, dass eine größten jüdischen Gemeinden des mittelalterlichen Reiches aufgehört hatte zu existieren.[86]

7. Die Rolle von Karl IV.

Im letzten Teil dieser Arbeit soll nun das Verhältnis von Karl IV. zu den Juden und speziell zu der Pogromwelle diskutiert werden. Dies dient dazu, um aufzuzeigen in welchen Verhältnis der Kaiser des Reiches zu den Verfolgten stand, positiv oder negativ? Des Weiteren wird somit ein Kontext zum Seminar: „Kaiser Karl IV., Böhmen und der mitteldeutsche Raum" geschaffen. Diese Thematik ist in der Forschung weniger behandelt wurden. Ferdinand Seibt widmet lediglich knapp 10 Seiten in seinem Werk. Einen größeren Aufsatz findet sich nur in dem Werk von Evamaria Engel.

Schon vor Karl IV. profitierten seine Vorgänger von den Juden, durch das sogenannte „Judenregal". Dies war das Recht, von Juden Steuern zu erheben und an die Städte zu verpfänden. Zu Beginn der Pogromwellen im Reich, stellte sich Karl mit größter Entschlossenheit dagegen. Daher war von Judenverfolgungen in Böhmen, Luxemburg, in Mähren und Schlesien nur vereinzelt etwas zu hören.[87]

Er stellte sogar am 16. Dezember 1347 eine Urkunde für die Straßburger Juden aus. Diese betraf ihre Rechte, ihre Freiheiten und ihren Schutz:

„[...] unser und dez riches Juden, [...], in der stat zu Strazburch mit der bescheidenheit, daz si inne haben und niezzen sullen mit allen rehten und nutzen, di uns und dem riche da von gevallen mugen [...]".[88] Dies zeigt, dass Karl alles andere als ein Gegner der Juden war. Aber

---

85 Seibt, Ferdinand: Karl IV.. Ein Kaiser in Europa 1346 – 1378, München 1978, S. 199.
86 Vgl. Graus: Pest – Geißler – Judenmorde, S. 186f.
87 Vgl. Seibt: Karl IV., S. 198.
88 Monumenta Germaniae Historica, Constitutiones, Bd. VIII, hrsg. von K. Zeumer/R. Salomon, Hannover 1926, Nr. 429, S. 472 und Vgl. Bork, Ruth: Zur Politik der Zentralgewalt gegenüber den Juden im Kampf Ludwigs des Bayern um das Reichsrecht und Karls IV. um die Durchsetzung seines Königtums bis 1349, In: Engel, Evamaria (Hrsg.): Karl IV.. Politik und Ideologie im 14. Jahrhundert, Weimar 1982, S. 56.

warum hat er sie dann nicht im Reich beschützt? Diese Frage muss gestellt werden. Hierbei findet insbesondere der finanzpolitische Aspekt eine große Rolle, aber auch, weil das Verhältnis zu den Reichstädten noch nicht so gefestigt war. Zu einer militärischen Demonstration gegen die Pogromwelle war der stark verschuldete Karl nicht im Stande.[89] Man muss ihm auch den Vorwurf machen, dass er jene Situation für seine Zwecke genutzt hatte. Wie schon in Kapitel 5.2 erwähnt versprach er Balduin von Trier das Judenerbe. Auch übte er Nachsicht gegenüber den Mördern (Straßburg ist nur ein Beispiel von vielen) und Akzeptanz der Geschehnisse.[90] In den Sommermonaten 1349 breiteten sich die Pogrome gegen Juden weiter aus. Karl IV. unternahm nix. Im Gegenteil, am 9. April 1349 hatte er der Stadt Schwäbisch – Hall, nach Einigung mit dem Grafen von Württemberg, das gesamte Judengut überlassen: „[...] so geben wir dem vorgenannten rat und den burgern gemeinlich ze Halle alliz daz gut, daz die Juden gelaßen haben, sie sein lebend oder tot [...]".[91] Dies sollen nur zwei Beispiele sein, um aufzuzeigen, wie Karl jene innenpolitische Ausnahmesituation für seine Zwecke benutzte.

Zusammenfassend und da findet Ferdinand Seibt, meines Erachtens, passende Worte, hatte Karl IV. den Frieden und das Wohl der Untertanen immer wieder als oberste Herrschaftspflicht beschworen. Aber er war dieser innenpolitischen Lage einfach nicht gewachsen.[92] In der neueren Forschung wird er auch als „erster Schreibtischtäter der Geschichte" betitelt.[93]

8. Fazit

Alles in allem kann man festhalten, dass es bezüglich der verheerenden Judenverfolgungen in der Mitte des 14. Jahrhunderts keine monokausale Ursache gibt, die dazu führte, dass die christlichen Bürger plötzlich ihre jüdischen Mitmenschen verfolgten, vertrieben und töteten. Es war vielmehr das Zusammenwirken vieler verschiedener und teilweise ungünstiger Faktoren, durch die es zu dieser katastrophalen Situation kam. Dies trifft, wie in dieser Arbeit mehrfach belegt, auch für den Erfurter und Straßburger Judenpogrom von 1349 zu. Während die angebliche Brunnen- und Trinkwasserverschmutzung der Juden von den christlichen

---

89 Vgl. Seibt: Karl IV., S. 198.
90 Vgl. Bork: Politik der Zentralgewalt, S. 67.
91 Vgl., Ebd., S. 69 und MGH, Nr. 254, S. 195.
92 Vgl. Seibt: Karl IV., S. 199.
93 Anmerkung von Prof. Dr. Uwe Schirmer im Rahmen des Seminars.

Hetzern als der Hauptgrund der Verfolgungen hingestellt wurde, weil dadurch die Pest verbreitet worden sei, war dies, wie bei den Untersuchungen festgestellt, nur ein Mittel, um ihre Gräueltaten nach außen hin zu rechtfertigen. Tatsächlich spielten wirtschaftliche, politische und auch gesellschaftliche Motive eine viel bedeutendere Rolle. So wurde den Juden unter anderem ihre Rolle als Geldleiher und Kreditgeber, die gesetzlich festgelegt keine Christen übernehmen durften, zum Verhängnis. Da zahlreiche Bürger, wie auch die Stadtoberhäupter und die Stadt selbst Schulden bei den Juden hatten[94], konnten sich diese mit Hilfe des Pogroms von 1349 und der damit verbundenen Ausrottung der jüdischen Menschen in Erfurt und Straßburg ihrer finanziellen Sorgen entledigen. Die religiösen Gegensätze zwischen den beiden Parteien dürfen sicherlich auch nicht außer Acht gelassen werden. Dennoch waren diese ebenso wie die Pest wohl mehr ein Deckmantel für die eigentlichen Absichten der Christen und gleichzeitig eine willkommene Rechtfertigungsmöglichkeit für die Judenverfolgungen. Zusammenfassend und auf die Forschungsfrage rückblickend lässt sich resümieren, dass Judenverfolgungen im Spätmittelalter tatsächlich als Lösungs- und Rechtfertigungsversuche von christlichen Bürgern und Herrschern für politische und gesellschaftliche Probleme gesehen werden können. So wurden vermeintliche religiöse Unterschiede sowie der in der Forschung als sehr unglaubwürdig beschriebene Vorwurf der Verbreitung der Pest in der Öffentlichkeit als Ursachen der Verfolgungen dargestellt, während insgeheim egoistischere, wirtschaftlich, sowie politisch motivierte Interessen die Hauptrolle spielten. Dies wurde anhand des Erfurter und Straßburger Pogroms von 1349 besonders deutlich.

Im letzten Teil wurde die Rolle von Karl IV. zu den Geschehnissen im Reich näher beleuchtet. Mit dem Ergebnis, dass er zunächst die Juden beschützt hatte. Dies beweisen, die wenigen Vorfälle in Böhmen beispielsweise. Jedoch musste er sich aus finanziellen Gründen und wegen einer noch nicht so erstarkten Machtposition dieser innenpolitischen Position beugen. Besser gesagt, er nutzte die Situation aus und verprach das Judenerbe Städten und Personen (z.B. Balduin von Trier). Er sah tatenlos zu, wie tausende Juden den Pogromen im Reich zum Opfer fielen und die Täter weitesgehend verschont blieben. Daher ist er der „erste Schreibtischtäter der Geschichte". In weiteren Arbeiten könnte man die weitere Entwicklung der Straßburger und Erfurter Juden im Spätmittelalter sowie der Neuzeit untersuchen und überprüfen, ob sich die festgestellten Ergebnisse fortführten. Auch der Verlauf von Pogromen

---

94 Hier ist speziell von Erfurt und Straßburg die Rede

in anderen Städten, wie Basel oder Konstanz wären interessant näher zu schildern. Weiterhin wäre es möglich gewesen eine einzelne Arbeit über das Verhältnis von Karl IV. und den Juden zu diskutieren. Aber für diese Arbeit sollten die Ausführungen und gesammelten Ergebnisse, welche beleuchtet wurden, genügen.

9. Literatur- und Quellenverzeichnis

Quellen

Closener, Fritsche: Straßburger Chronik (Chroniken der deutschen Städte, Bd. 8: Die Chroniken der oberrheinischen Städte, Straßburg Bd. 1, ed. E. Hegel), Leipzig 1870, Nachdruck Göttingen 1961.

Cronicae S. Petri Erfordensis Continuatio III, In: Holder-Egger, Oswaldus (Hrsg.): Monumenta Erphesfurtensia saec. XII.XIII.XIV, Hannover & Leipzig 1899.

Monumenta Germaniae Historica, Constitutiones, Bd. VIII, hrsg. von K. Zeumer/R. Salomon, Hannover 1926.

Tromm, Friedhelm: Die Erfurter Chronik des Johannes Wellendorf (um 1590). Edition-Kommentar-Untersuchung, Köln/Weimar/Wien 2013.

Literatur

Avneri, Zvi: Erfurt, In: Avneri, Zvi (Hrsg.): Germania Judaica, Band 2, 1. Halbband, Tübingen 1968.

Avneri, Zvi: Straßburg, In: Avneri, Zvi (Hrsg.): Germania Judaica, Band 2, 2. Halbband, Tübingen 1968.

Bork, Ruth: Zur Politik der Zentralgewalt gegenüber den Juden im Kampf Ludwigs des Bayern um das Reichsrecht und Karls IV. um die Durchsetzung seines Königtums bis 1349, In: Engel, Evamaria (Hrsg.): Karl IV.. Politik und Ideologie im 14. Jahrhundert, Weimar 1982.

Cluse, Christoph: Zur Chronologie der Verfolgungen zur Zeit des „Schwarzen Todes", In: Haverkamp, Alfred (Hrsg.): Geschichte der Juden im Mittelalter von der Nordsee bis zu den Südalpen, Hannover 2002, S. 223-242.

Dinzelbacher, Peter: Religiosität. Mittelalter, In: Dinzelbacher, Peter: Sterben/ Tod. Mittelalter, In: Dinzelbacher, Peter (Hrsg.): Europäische Mentalitätsgeschichte. Hauptthemen und Einzeldarstellungen, Stuttgart 2008, S. 136-155.

Dinzelbacher, Peter: Sterben/ Tod. Mittelalter, In: Dinzelbacher, Peter (Hrsg.): Europäische Mentalitätsgeschichte. Hauptthemen und Einzeldarstellungen, Stuttgart 2008, S. 279-297.

Dinzelbacher, Peter: Zu Theorie und Praxis der Mentalitätsgeschichte, In: Dinzelbacher, Peter (Hrsg.): Europäische Mentalitätsgeschichte. Hauptthemen und Einzeldarstellungen, Stuttgart 2008, Hinführung des Herausgebers.

Fromm, Erich: Das jüdische Gesetz. Zur Soziologie des Diaspora–Judentums. Dissertation von 1922, Weinheim [u.a.] 1989.

Graus, Frantisek: Historische Traditionen über Juden im Spätmittelalter (Mitteleuropa), In: Haverkamp, Alfred (Hrsg.): Zur Geschichte der Juden im Deutschland des späten Mittelalters und der frühen Neuzeit, Stuttgart 1981, S. 1-26.

Graus, Frantisek: Pest – Geißler – Judenmorde. Das 14. Jahrhundert als Krisenzeit. Göttingen 1994.

Haverkamp, Alfred: Die Judenverfolgungen zur Zeit des Schwarzen Todes im Gesellschaftsgefüge deutscher Städte, In: Haverkamp, Alfred (Hrsg.): Zur Geschichte der Juden im Deutschland des späten Mittelalters und der frühen Neuzeit, Stuttgart 1981, S. 27-93.

Kaiser, Reinhold: Bischofsstadt, In: Lexikon des Mittelalters, Band 3, München & Zürich 1986, S. 239f..

Mägdefrau, Werner: Der Thüringer Städtebund im Mittelalter, Weimar 1977.

Ruf, Reinhold: Juden im spätmittelalterlichen Erfurt. Bürger und Kammerknechte, In: Hirschmann, Frank G. / Mentgen, Gerd (Hrsg.): Campana pulsante convocati. Festschrift anlässlich der Emeritierung von Prof. Dr. Alfred Haverkamp, Trier 2005, S.487-518.

Seibt, Ferdinand: Karl IV.. Ein Kaiser in Europa 1346 – 1378, München 1978.

Vanja, Christina: Krankheit. Mittelalter, In Dinzelbacher, Peter (Hrsg.): Europäische Mentalitätsgeschichte. Hauptthemen und Einzeldarstellungen, Stuttgart 2008, S. 222-227.

BEI GRIN MACHT SICH IHR WISSEN BEZAHLT

- Wir veröffentlichen Ihre Hausarbeit,
  Bachelor- und Masterarbeit

- Ihr eigenes eBook und Buch -
  weltweit in allen wichtigen Shops

- Verdienen Sie an jedem Verkauf

Jetzt bei www.GRIN.com hochladen
und kostenlos publizieren

Lightning Source UK Ltd.
Milton Keynes UK
UKHW040040170119
335666UK00001B/229/P